CORPS LEGISL.

CONSEIL DES ANCIENS.

O P I N I O N

D E

JEAN GUINEAU (de la Haute-Vienne),

Sur la résolution relative aux fêtes décadaires.
(Bul. des résol. n°. 56.)

Séance du 2 fructidor an 6.

REPRÉSENTANS DU PEUPLE,

QUEL spectacle nouveau les décadis vont offrir aux citoyens français ! quel tableau mouvant présentera chaque
décade ! ce jour de repos va devenir un jour de fête bien
agréable. L'amitié, l'intérêt, l'amour, la reconnoissance, le
civisme, la vertu, la patrie & la tendresse y formeront tour-

3   A

à tour des guirlandes treffées par la bienfaifance & la fenfibilité. Au milieu des rondes tracées par le plaifir, le citoyen y apprendra fes devoirs, & fe raffurera fur fes droits.

Qui pourra voir fans émotion les adminiftrés d'un canton réunis autour de leurs adminiftrateurs, écoutant dans un refpectueux filence la lecture des lois de leur pays, entendant réciter de nouveaux traits de bravoure, de générofité de bienfaifance; apprenant des découvertes utiles aux arts, ou des procédés nouveaux, moins fatigans & moins difpendieux pour l'agriculture?

Quelles grandes idées l'étranger, le moins ami de notre nation, feroit forcé de fe former d'un peuple, raffemblé dans un même inftant, pour chanter fa gloire, fes triomphes & fes plaifirs, applaudir à fes magiftrats, & profiter enfemble des exemples que le courage & la vertu propageront à l'infini par cet enthoufiafme national, qui a tant élevé l'ame des Français, & qui chaque jour agrandit le citoyen! Les Grecs dans leurs diètes, les Romains dans leurs comices, ne furent jamais auffi brillans, ni auffi heureux, que les Français le feront dans leurs fêtes décadaires.

Qui pourra y voir d'un œil fec les impreffions de plaifir ou de douleur qu'exciteront les naiffances ou les décès dont il fera fait lecture?

Qui pourroit ne pas y partager la fatisfaction qui brillera dans tous les yeux à l'adoption d'un infortuné, ou à la reconnoiffance d'un enfant ignoré?

Le fpectacle d'un peuple heureux, d'un peuple fe réuniffant pour fon bonheur, fera defirer à tout étranger qui aura l'avantage d'en être le témoin, d'établir de femblables fêtes dans fes climats; & s'il eft affez malheureux pour ne pouvoir l'efpérer, il foupirera de devenir membre de ces réunions, où, fous les aufpices de la loi, le patriotifme vient s'épurer au feu du génie de la liberté; où la douce égalité reçoit, de dix en dix jours, des alimens nouveaux & toujours préparés pour fortifier la conftitution.

Ah! tout étranger qu'il est à notre pacte social, tel ennemi qu'il puisse être de la prospérité de la grande nation, je vois ses yeux mouillés de larmes; sa sensibilité le trahit, quand il apperçoit des pères & mères présenter au président leurs enfans qui brûlent d'obtenir le titre d'époux. Un sentiment confus, mais bien précieux, s'empare de tous les cœurs à l'aspect de deux êtres que l'amour rassemble, & qui viennent devant le public se jurer un attachement inviolable. Ce témoignage de leur confiance mutuelle forme la garantie de leurs nœuds. L'approbation des spectateurs ajoute à leur tendresse, comme la sourcilleuse inquiétude qui se peint sur tous les traits au mot *divorce*, fait connoître aux malheureux qui sont entraînés à le réclamer, que leur action vient troubler la fête.

Ah! si le charme qui couvre les nouveaux époux; si la joie commune ne peut pénétrer dans les cœurs des demandeurs en divorce; si les conseils de l'amitié ne peuvent concilier leurs esprits, plus occupés de leur funeste projet que mémoratifs de leurs jours de félicité; si, au milieu de tout ce qu'ils voient, de tout ce qu'ils entendent, leur ame écoute froidement les oracles de la loi; qu'ils s'éloignent bien vîte.

Un scène plus intéressante va succéder à ce spectacle de désunion.

Les jeunes élèves s'avancent, en deux colonnes, sous les bannières de leurs instituteurs & de leurs institutrices. Ils viennent, avec toute la vive gaieté de leur âge, recueillir les témoignages d'affection, d'encouragement, de sensibilité que leurs exercices, leurs jeux, leur silence & leur maintien invitent de toutes parts à leur accorder. Laissez cette tendre & flexible jeunesse chercher dans les yeux de ses parens ce brillant de la satisfaction qui encourage, ou craindre d'y rencontrer ce sombre de l'embarras qui avertit & stimule. Chacun de ces aimables enfans devinera bien vîte dans le tendre regard de sa mère ce qu'elle a lu dans tous les yeux.

Des mères, des épouses, des sœurs & des amantes ; des frères, des amis, des pères & des époux ! quel cercle ! que ne vont pas inspirer ces grouppes de républicains français ! l'égalité en peint le tableau ; il ne peut être vu qu'au soleil de la liberté. Il n'appartient qu'à un citoyen de la grande nation, qui connoît ses droits, les étudie dans le livre de la nature & l'ouvre à tous les peuples, de leur dire : Ne soyez point étonnés de nous voir ainsi appeler les femmes à participer à l'éducation nationale.

La justice les plaçoit à côté de nous, & nous l'avons défigurée ; la nature nous rapprochoit d'elles, & nous l'avons outragée ; la politique elle-même nous répétoit qu'aucun sexe ne doit être étranger au bien public, qu'il faut varier, renouveler, multiplier ses ressources, & nous n'avons entendu que la défiance, le préjugé, la jalousie & l'orgueil.

O citoyennes ! le despotisme ne vous écartera plus de nos assemblées. Si la pudeur, la sensibilité de votre ame, l'amabilité de votre caractère, ne permettent pas de vous attribuer des fonctions réservées à la force & à la dureté de notre sexe, vous participerez du moins à notre instruction, à nos fêtes, à nos réunions décadaires ; le respect public, une reconnoissance universelle pour votre patience, pour votre tendresse, pour cette générosité qui vous distingue, pour cet esprit de bienfaisance que vous savez si bien entretenir, enfin notre attachement & le souvenir délicieux de vos sacrifices & de vos vertus vous dédommageront de cette espèce d'inaction politique, qui est le partage naturel de votre modestie & de votre douceur.

Puissent notre enthousiasme & nos hommages redoubler votre attention à fréquenter & embellir les fêtes décadaires & nationales !

Vous avez dans l'esprit cette conception prompte qui épargne le temps & les détails ; cette imagination vive, qui répare tout & ne désespère de rien ; ce courage brûlant du cœur, bien autre que celui de la froide raison ; cette inépuisable sensibilité, présent du ciel, qui procure de si douces illusions : avec tant d'heureuses qualités, votre cœur se pénétrera bien utilement de l'amour de la patrie & de la bienfaisance publique. Que ce feu sacré dont vous méritez d'être les dépositaires, s'allume à la voix des héros qui vous présentent aux nations étonnées pour leurs dignes compagnes ! bientôt il circulera dans tous les cœurs de cette jeunesse, tant attentive à vos mouvemens ; il les enflammera de l'ambition de savoir, & leur donnera toute l'activité de votre ame pour propager nos institutions.

Offrir aux femmes une occupation grande & nouvelle ; leur présenter les facilités de remplir leur cœur de l'amour de la patrie & de la bienfaisance nationale ; nourrir leur esprit actif de l'étude attachante & simple des devoirs de la société civile ; élever leur ame par le spectacle des maux qui affligent la famille humaine, & par la recherche des moyens qui peuvent la rendre plus heureuse ; enfin mettre nos mères & nos épouses en partage de l'admiration, c'est ce qui résulte naturellement de l'ensemble des dispositions de la résolution sur les fêtes décadaires. Comme elle deviendra chère à tous les cœurs, cette loi qui ramène les Français devenus républicains à penser de leurs compagnes ce qu'en pensoient les Germains nos pères, dans les beaux jours de leur liberté ! ils empruntoient des femmes leur courage, les consultoient sur tout, parce qu'ils leur attribuoient quelque chose de divin.

Tacite (1), Montesquieu (2), & vous, Prost de Royer (3) ;

---

(1) Inesse quin etiam sanctum aliquid & providum putant ; nec aut consilia eorum aspernantur, aut responsa negligunt. (TACIT. , de morib. German. 8).

(2) Esprit des lois, liv. VII, ch. XVII. Leur foiblesse même leur donne plus de douceur & de modération ; ce qui peut faire un gouvernement, plutôt que les vertus dures & féroces.

(3) Dict. de Jurisprudence & des Arrêts, tom. II. ... On n'en conclut pas qu'il faille placer les femmes à la tête

enlevé à votre gloire au milieu de votre carrière, vous avez
vu, dans presque tous les siècles, & pour ainsi dire, dans
tous les lieux, faire errer les femmes, incertaines & foibles,
entre les lois de la nature & les conventions sociales, entre
les mœurs de la famille & la corruption du monde : mais,
brisant le torrent des préjuges avec la massue de la phi-
losophie, vous avez eu le courage de rassembler les faits
recueillis par l'histoire, qui prouvent que les femmes ont
souvent donné l'exemple de la discrétion & du courage ;
qu'extrêment laborieuses, remplies d'ordre & de zèle, elles
sont indispensables par-tout où il faut de l'économie, de
la propreté, des égards, & ces soins délicats qui ajoutent
tant aux bienfaits ; &, les trouvant pourvues des plus pré-
cieuses qualités des administrateurs, vous les avez proclamées
dignes de s'occuper avec nous du bonheur général.

Votre proclamation vient d'être entendue par les légis-
lateurs de la grande nation : ils ont reconnu que si, dans les
siècles de barbarie, de féodalité & de despotisme, l'orgueil,

---

des armées ou sur le trône de la justice, ni les rappelant au ba-
reau, les condamner au supplice d'errer avec nous dans le dédale
de la jurisprudence, ni leur attribuer aucune des fonctions qui,
réservées à la force & à la dureté de notre sexe, répugneroient
à la pudeur, à la sensibilité de leur ame, & à la douceur aimable
de leur caractère. Elles deviendroient ce que nous sommes, & nous
rétrograderions vers cet état de barbarie qui avoit abruti notre esprit,
nos lois & nos mœurs.

Mais ne pourroit-on pas leur confier à elles seules, ou en partage,
quelques administrations particulières, où, pour faire le plus grand
grand bien, il leur suffiroit, comme à tant d'hommes, d'apporter
l'équité naturelle, l'esprit d'ordre & de sensibilité ? De ces établisse-
mens mal organisés & foiblement soutenus, n'en est-il point qui,
bientôt restaurés, seroient infiniment précieux ? n'en est-il point où,
avec les femmes, rentreroient la générosité, la pitié, la douceur,
la patience, toutes les qualités qu'elles seules possèdent, & sans
lesquelles trop souvent les hôpitaux ne sont que des sépulcres ?
(*Administration*, page 872).

l'ambition & la jalousie ont considéré les femmes comme une propriété, & les ont plus ou moins réduites à la servitude, il est temps, sous une constitution confiée en partie A LA VIGILANCE DES ÉPOUSES ET DES MÈRES, qu'elles recouvrent leur dignité, & qu'usant des qualités dont la nature les a favorisées, elles deviennent dans la République UN PEU de ce qu'elles sont dans la famille.

Jusqu'à présent, la révolution a peut-être trop peu fait d'attention à ce sexe, l'objet du sentiment le plus doux, & de tout ce qui fait le bonheur particulier. Je ne crains point de l'avancer : si par fois le char de la liberté a fait des pas rétrogrades ; si la douce égalité a été froissée par le souvenir impérieux des distinctions ; si nos fêtes ne sont pas toujours brillantes ; si nos institutions sont peu applaudies, si nos marchandises sont moins recherchées ; enfin s'il a fallu user des réquisitions pour nos armées, c'est parce que les femmes n'ont pas été assez invitées à nous seconder.

" Séparées publiquement de l'administration, les femmes
" n'ambitionnent que plus le plaisir, l'avantage & la gloire
" d'y avoir part. Leur clôture dans l'Orient, nos lois & nos
" mœurs ne les empêchent pas de dominer ; & c'est un autre
" empire. Leur volonté est d'autant plus souveraine, qu'elle
" ordonne sans être vue. C'est le sultan caché derrière une
" gaze, & qui, même absent, fait trembler le visir, son
" esclave. Leur crédit est d'autant plus sûr, qu'il se voile ;
" qu'elles refusent, si l'on n'accorde pas, & que, naissant
" avec les passions, il ne meurt point avec elles. Gran-
" deur, raison, vieillesse, rien ne les éloigne, & tout les
" rapproche. C'est la nature ; ce fut la loi du créateur, &
" les plus grands hommes sont ceux qui l'ont mieux ob-
" servée.

" Ce petit garçon que vous voyez, disoit Themistocle
" à ses amis, est l'arbitre de la Grèce ; car il gouverne sa
" mère : *sa mère me gouverne*, je gouverne les Athéniens,
" & les Athéniens gouvernent les Grecs. C'est la pensée de

» Caton dans Plutarque : *Nous commandons à l'univers, &*
» *les femmes nous commandent.*

» Ainfi, mères ou époufes, amantes ou amies, follici-
» teufes ou protectrices, elles font par-tout fans paroître.
» Heureux ! lorfque, par l'ambition & l'audace, elles ne fe
» vengent pas de l'aviliffement auquel on les réduit : fem-
» blables à ceux qui, exclus d'une fête publique, l'épient, la
» critiquent, & fe font un jeu de la troubler. Trop heureux !
» quand, ne fuivant pas le torrent des paffions, elles nous
» retiennent dans le fentier de la vertu (1). »

Le plan de la réfolution m'ayant paru chercher à réparer
l'injuftice de notre oubli, j'ai penfé que je ferois quelque
chofe pour les mœurs, l'ordre & la félicité publique, de
répéter à cette tribune ce que Proft de Royer avoit écrit
en 1782.

A mon tour, & guidé par ce philofophe, j'ouvre la porte
du fanctuaire, & j'y grave le nom des *femmes.* Si vous m'ap-
prouvez, repréfentans du peuple ; fi elles foupirent après le
bonheur d'entrer dans le temple de la bienfaifance publique,
elles encourageront à mieux dire, mais *je n'en croirai pas
moins mon offrande digne de la divinité.*

Repréfentans du peuple, je vais encore vous expofer quelques autres avantages qui m'ont paru réfulter de la réfolution
fur les fêtes décadaires pour chaque famille, pour les habitans de chaque canton, ainfi que pour l'enfemble des Français ;
foit qu'on apprécie ces avantages fous des rapports particu-
liers, foit qu'on les confidère fous des rapports publics.

Je ne fuivrai point la réfolution, article par article. C'eft
de fa maffe que je ferai reffortir tous mes développemens.
J'efpère qu'ils vous porteront à l'approuver, comme la fource
régénératrice & vivifiante des mœurs, de l'éducation nationale & de cet efprit public qu'il importe au patriotifme de
voir fans ceffe entretenir pour le falut de la République.

_____

(1) Même dict., tom. II, p. 872.

Dans les villes, ainsi que dans les campagnes, les pères ont souvent un domicile distinct du domicile de leurs enfans. Les frères & les sœurs forment des ménages séparés. Occupés chacun de leurs affaires, & souvent à de grandes distances les uns des autres, ils négligent de se voir, en remettant d'un jour à l'autre à aller se visiter. Le décadi sera pour eux un jour de rendez-vous; il formera des points de ralliement; on se verra. L'union s'entretient par la présence, par la familiarité, par les confidences comme par les besoins réciproques.

L'éloignement amène par fois l'indifférence & dessèche peu à peu la source de la tendresse.

Les familles isolées suivent des routines; les familles qui se rapprochent, se font part de leurs travaux, de leurs découvertes : l'amélioration résulte de leur rapprochement.

Quand chaque famille, chaque individu même recevroit le bulletin décadaire qui doit être lu à toutes les familles réunies, l'instruction seroit moins active & moins profitable. Une lecture publique, faite avec l'accent du sentiment & l'expression de la confiance, développe les idées & les transmet plus rapidement. On saisit mieux ce qu'on entend prononcer avec force, avec énergie, & souvent avec cette explication qui naît de l'action, que quand on lit soi-même.

Toutes les fois qu'il faut méditer pour comprendre, la paresse ou l'insouciance s'empressent de croiser les idées : on finit par abandonner la question. La méditation trouve rarement des têtes organisées comme celles d'Euclide.

D'ailleurs, quand on est seul, on raisonne difficilement. Néanmoins c'est du raisonnement, du choc des idées, comme du choc des cailloux que rejaillit la lumière. Ce dernier avantage résulte de la réunion des citoyens, de leur application commune à saisir le même objet. Chacun cause, commente, observe. Ce concours d'idées insinue & grave profondément des principes, des réflexions qui auroient glissé sur la mémoire, parce que la mémoire est comme une glace qui ne représente les objets qu'autant qu'ils sont replacés devant elle : elle les retient enfin pour en occuper l'esprit. A leur tour l'esprit, & l'imagination, ne combinent, ne réfléchissent qu'autant qu'ils sont frappés juste & à propos. Ces trois facultés de l'ame le seront utilement tous les décadis, parce qu'il y a tout lieu de croire que le Directoire exécutif fera travailler avec soin le bulletin décadaire.

Source puissante & intarissable d'instruction publique, ce bulletin fera même plus au moral pour la République que le Nil ne fait au physique pour l'Egypte. Une eau pure & dégagée du limon des préjugés coulera sans cesse dans des canaux toujours ouverts & toujours préparés pour étendre l'irrigation salutaire du patriotisme, du courage & de la vertu, que l'éducation & l'exemple feront ensuite fructifier avec les plus heureux succès.

Jusqu'à présent on s'est beaucoup occupé d'organiser l'instruction publique. Les plans & les essais ont éprouvé des contradictions peut-être trop fortes, & sont encore exposés à des lenteurs & à des oppositions fâcheuses : cela vient en partie de ce que le mode & l'intérêt de cette nouvelle instruction ne sont pas assez connus.

Le bulletin décadaire va devenir une des principales bases de cette institution qui méritoit d'avoir l'initiative, puisqu'elle peut être considérée comme la génératrice des autres ; toujours neuf & varié il sera attendu avec impatience, & lu avec avidité.

Chaque canton sera à-la-fois le point central de la correspondance de la grande famille, & le point de la circonférence d'où elle propagera le sentiment qui doit animer toute la République.

Là, un père apprendra que son fils a remporté un prix à l'école normale, ou qu'au concours il a été admis à l'école polythecnique.

Ici, une mère entendra lire qu'un des tableaux de sa fille est placé au Muséum, & y excite l'admiration.

De ce côté, un frère arrache des flammes une mère de famille.

De cet autre, c'est un vieillard qui, sans consulter ses forces & sans considérer ses enfans, se lance dans la rivière & enlève à la rapidité du courant un fils chéri que l'imprudence y avoit précipité.

Une fois, le bulletin offre l'image d'un magistrat revêtu de son costume, ou une gravure retraçant l'immortelle journée du 14 juillet.

Ces tableaux satisfont la curiosité ; ils pénètrent en même temps le cœur de respect & d'attachement pour le citoyen dévoué à sa patrie, & ils renforcent le sentiment de liberté qu'inspirent nécessairement les efforts faits pour la conquérir.

Une autre fois, on y voit des instrumens nouveaux, des plantes & des animaux étrangers ; leur dessein fait naître le goût de l'imitation, & leurs qualités, le besoin de s'en approprier de semblables & de les naturaliser.

Tantôt il contient un tableau chronologique, qui, en reculant de plusieurs siècles l'âge qu'il avoit plu au fanatisme de donner au monde, laisse chacun dans l'étonnement sur la foi qui lui étoit prêchée, comme la plus sûre base de cette croyance qu'il importoit aux prêtres de commander.

Tantôt il présente, ou une mappemonde, ou la carte géographique des descentes en Angleterre. Chacun y suit des yeux Bonaparte & ses fidèles compagnons d'armes précédés par la victoire. On les voit arborer le drapeau tricolor sur les restes précieux de ces monumens superbes, élevés par les arts & les sciences dans ces contrées de l'Asie & de l'Afrique, où le savant, le curieux & l'artiste n'alloient plus que pleurer sur les ravages du temps, de la guerre, de la barbarie & de l'ignorance.

A mesure que l'on considère la marche de ces héros français, on découvre le lit de la *rivière de Ptolomée* (1) ;

_____

(1) Ceux qui sont cités pour avoir mis la main aux canaux ouverts dans l'isthme de Suez, pour communiquer de la Méditerranée à la

chacun foupire après le moment de naviguer fur ces canaux de communication entre ces contrées, qui jadis méri-
tèrent d'être appelées le berceau du genre humain, le gre-
nier de Rome & le féjour des Dieux ; tant par la richeffe
de leurs productions que par la beauté du climat & l'in-
duftrie des habitans.

Ce fouvenir, & l'efpoir que la grande nation a conçu du
courage & de l'intelligence de nos Argonautes nouveaux, laif-
fent déja appercevoir le commerce de l'Inde revirer de
bord, & les flottes anglaifes occupées à baiffer pavillon devant
l'efcadre de nos républicains, qui courent placer fur la
tour de Londres le fignal impériffable de la liberté des
mers.

Des objets non moins intéreffans fe fuccèdent : l'audi-
teur eft toujours en haleine, fes yeux fe mouillent de larmes à la defcription d'un naufrage, au récit de la mort &
de la pompe funèbre d'un de fes généraux.

Bientôt fon cœur va recevoir une impreffion plus agréable. Des hymnes à l'honneur des vainqueurs de Fleurus
& d'Arcole font préfager une paix glorieufe.

Les armées ont bien mérité de la Patrie : le Sénat françai
s'empreffe de mêler l'olivier au laurier qui couronne no
légions.

Des fêtes brillantes font préparées : le Directoire s'
rend pour féliciter le peuple fur fes triomphes. Tant de
gloire lui affure enfin le bonheur & la profpérité qu'i
étoit en droit d'attendre d'une révolution fans exemple.

O nation françaife ! tu es toi-même ton ouvrage,
tu refteras fans modèle, fi tu fais profiter des principes fu
blimes gravés dans tous les cœurs, & foumis à tous les yeux

---

mer Rouge, font Sefoftris, Pfammeticus, Necos & Darius. Ma
foit que Ptolomée Philadelphe, étant venu le dernier, ait effacé
gloire de fes prédéceffeurs, foit qu'en effet il y ait travaillé pl
qu'aucun autre, c'eft lui qui paffe principalement pour être l'aute
du canal qui eft appelé *Rivière de Ptolomée* par Diodore de Sicile

dans la déclaration de tes devoirs; si tu maintiens tes droits; si tu conserves ta constitution, sur-tout si tu t'attaches à l'instruction qui te rendra plus confiante dans ta liberté, & plus sûre de l'égalité.

Représentans du peuple, voyez tous les yeux fixés sur ce plan : c'est un cirque au milieu duquel s'élève l'autel de la patrie; on y arrive par de longues avenues disposées pour les exercices de la course, & pour les jeux de paume & du mail; il est terminé par une rotonde garnie de gradins placés de manière à ce que l'on voye & l'on entende de tous les rangs. Le bureau du président est tour à tour tribune & théâtre.

Un jour les jeunes citoyennes y chantent des hymnes à la patrie, & y dirigent les chœurs (1); & celle qui a manqué aux devoirs de son sexe & à la piété filiale, n'ose y paroître.

Un autre jour, de jeunes citoyens se réunissent pour former entre eux des pastorales, réciter des fables ou quelques-uns des poëmes enfantés par le patriotisme.

A chaque séance, une des institutrices y adresse une invocation générale à l'Éternel en faveur de la liberté, & les instituteurs y annoncent aux parens le programme de leurs leçons & les succès de leurs élèves.

Et quand la mort ravira un citoyen ou une citoyenne qui, par leur civisme, leur assiduité aux exercices, leurs mœurs & leurs vertus auront mérité les regrets du canton, la nature créera à l'instant des orateurs pour répandre des fleurs sur leur tombeau. Ces oraisons funèbres toucheront bien plus les cœurs, inspireront bien mieux le goût de la vertu que ne l'ont jamais fait ces pompeux discours, si chèrement payés, pour pallier quelques instans la fourberie des Richelieu, la cruauté des Catherine de Médicis.

---

(1) *Essais sur les moyens de faire participer l'universalité des spectateurs à tout ce qui se pratique dans les fêtes décadaires*, par M. Réveillère-Lépeaux.

La variété de ces exercices, la nouveauté, le besoin de s'instruire, de se communiquer, de causer de ses affaires, de parler de sa famille, l'ambition des applaudissemens, ce vœu naturel qui nous porte à encourager les talens ; que de motifs puissans de curiosité ! comme elle rendra les citoyens impatiens de voir arriver le décadi !

Que ces jours de fête vont devenir précieux !

Le citoyen s'y instruira des lois de son pays : plus il les connoîtra, plus il les aimera, & plus il les aimera, plus il s'attachera à ses devoirs, à ses magistrats.

Ce seroit peut-être ici le cas de répondre aux objections que l'on tire, soit de la distance qu'il faudra franchir pour trouver ce point de réunion, soit de ce que la résolution ne présentant aucun moyen coërcitif contre les citoyens qui ne s'y rendront pas, elle ne tardera pas à tomber en désuétude.

Représentans du peuple, vous avez vu combien les fêtes baladaires étoient fréquentées. Cependant que présentoient-elles d'attrayant aux citoyens ? quelques danses, des cabarets de petites boutiques ou des bateleurs.

Les décadis offriront aussi des guinguettes, des danses préparées, des chœurs, de la musique, des tableaux, des exercices, des mariages, des félicitations sur les naissances, des fleurs jetées sur la tombe de l'homme probe, de la femme vertueuse, de l'agriculteur intelligent ; la loi y sera promulguée ; on y parlera des affaires générales de la République ; les enfans y montreront leurs progrès dans la science de la morale & de l'économie politique : il y aura des institutrices à honorer, des instituteurs à féliciter sur l'avancement que leur auront valu ou que leur promettront leur application, leur zèle & leurs connoissances ; des veuves à consoler, des vieillards à écouter, des militaires à imiter, des magistrats à applaudir ; toujours de l'instruction, & toujours des plaisirs nouveaux & variés.

Ah ! si les prêtres ont eu besoin, même au berceau de leur culte, d'avoir recours à l'anathême, à l'excommunication & aux censures ; s'il a fallu un code pénal à la religion pour obliger d'aller à la messe paroissiale, & assister aux autres exercices ;

Si les prêtres ont été obligés d'avoir recours à la magie des cérémonies & des processions pour assembler des hommes qui se considéroient bonnement comme leur troupeau, c'est que leurs fêtes n'offroient que des mystères, c'est que les prêtres n'en parloient que mystérieusement.

Mais, aux fêtes décadaires, tout parlera à l'ame & aux sens.

Croyez, représentans du peuple, que le citoyen français jouira d'avance de voir les galeries du cirque tapissées des lois de ses représentans, des adresses du Directoire, des proclamations de ses administrateurs. Avec quel enthousiasme il fixera le tableau de cette fédération qui donna l'idée heureuse des autels de la patrie ! comme il aimera à considérer les portraits des Mirabeau, des Vergniaux, des Condorcet & des autres fondateurs de la liberté & de la République. Là, le comparateur des mesures le rassurera sur ses calculs ; ici, le tableau des campagnes de nos armées enflammera son ardeur ; plus loin, les gravures de ces chefs-d'œuvre que la victoire a fait passer des places de Rome & de Venise dans nos musées, formeront des amateurs, & feront naître des artistes. Les yeux une fois accoutumés à tant de beautés, toutes faites pour élever l'ame, lui faire sentir le prix de la liberté & de l'indépendance, un citoyen pourra t-il se rappeler sans rougir de s'être prosterné devant la figure de Roch & de son chien, ou devant le tableau d'Antoine & de son cochon ?

L'instruction est, dans les mains de la politique, le moyen le plus sûr d'inspirer aux peuples les sentimens, les talens, les idées, les vertus qui leur sont nécessaires.

Pour y parvenir, il suffit de leur présenter des maximes simples & vraies : elles s'inculquent facilement dans tous les esprits, quand elles découlent de ces grands principes de morale & de conscience publique qui forment les règles du droit des nations & du droit public des peuples.

Par la communication réciproque des lumières qui coulent du gouvernement au peuple, au moyen de l'instruction publique, & qui rejaillissent vers le gouvernement par le canal du cri national, les liens entre les gouvernans & les gouvernés deviennent indestructibles. L'administrateur est toujours heureux, quand les lois de l'ordre sont connues avec évidence. Le peuple éclairé est heureux à son tour, parce qu'il obéit sans répugnance à des lois dont il reconnoît la bonté & la nécessité; il se soumet de bon cœur à la volonté générale, quand il sait qu'il ne sera point asservi à des réglemens arbitraires, souvent contradictoires & toujours pernicieux.

Une fois qu'une nation éclairée connoît avec la même évidence les droits de l'homme & du citoyen, & les lois qui découlent de ses rapports avec le gouvernement, elle n'a pas à craindre d'être séduite, ni trompée, ni troublée par ses administrateurs : car si, dans des circonstances, le gouvernement, par quelques méprises si ordinaires à la foiblesse humaine, donnoit atteinte à ses droits, ou s'il renversoit l'ordre établi par la constitution, tout de suite il seroit averti par le cri général de la nation, qui désapprouveroit ces entreprises dangereuses. L'opinion du public instruit lui enseignera toujours ce qu'il devra faire. Les gouvernans doivent regarder le sentiment qui obtient les suffrages du public en général, comme une vérité ou comme le souhait réfléchi de la nation.

Cette dernière réflexion peut être considérée comme une réponse à l'objection tirée de la facilité que le Directoire trouveroit, par le bulletin, pour consacrer une domination inconstitutionnelle.

Mais l'énergie patriotique du Directoire actuel est une garantie pour l'avenir. Si, contre toute attente, ses successeurs pouvoient dévier de la route qui va leur être tracée, *le Corps législatif, le plus sûr gardien de la liberté, parce* qu'il est le plus clairvoyant, sera là ; *il s'appercevroit bientôt de l'abus, & il prendroit à l'instant les mesures pour l'anéantir* (1).

Je ne me fais point d'illusion sur tout ce qu'il y a à espérer de l'envoi du bulletin décadaire, du mariage des citoyens à un jour déterminé & au même lieu, pour les mœurs, l'instruction générale, & cette vertu républicaine qui doit enfin remplacer ce faux honneur qui a été si long-temps la marotte de quelques Français.

Que le Corps législatif & le Directoire veuillent d'accord & fortement, le Peuple français exécutera ponctuellement, & même avec reconnoissance ; car il ne peut douter que leur vœu ne soit pour son bien.

Représentans du peuple, les avantages qui résulteront de la loi qui vous est proposée sont incalculables ; elle ne présente qu'un petit nombre de difficultés qu'on ne sauroit considérer comme des inconvéniens.

Réunir les citoyens de chaque canton, les mettre à portée de se connoître, de s'aimer, de s'estimer, de s'honorer & de réprouver les méchans ; rapprocher les sexes ; les initier ensemble dans la connoissance de la législation, qui n'est jamais plus profitable que quand elle est bien connue ; utiliser leurs moyens réciproques ; trois fois par mois au moins, les instruire des affaires de la République, & leur offrir des délassemens agréables & des exercices salutaires ; la résolution promet tout cela dans chaque chef-lieu de canton. Ce point de réunion, qui doit être considéré comme le vrai point central des communes, devient à-la-fois le rendez-vous des familles, la bourse & le marché, la salle de spectacle, le cirque, le champ-de-Mars, le musée & la bibliothèque publique. Il se formera, en effet, une bibliothèque publique dans chaque canton, par la suite des temps, qui ne coûtera

(1) Rapport de Decomberousse, sur les fêtes décadaires, du 21 thermidor an 6.

rien, ni pour son établissement, ni pour son entretien, comme il y a lieu de l'attendre du soin des administrateurs, ils ont l'attention de faire une collection des lois des bulletins décadaires, des discours prononcés aux grandes époques de la révolution, des livres élémentaires d'agriculture, d'économie rurale & politique, de morale, d'histoire & de physique dont le gouvernement gratifie les différentes administrations. Tous ces objets formeront un dépôt précieux pour l'instruction & l'amusement.

Ainsi, avoir trouvé le moyen de réunir les plaisirs & les connoissances, d'insinuer le goût de la vertu, du civisme, de la morale publique ; en même temps & sur tous les points de la République, c'est avoir découvert la pierre-de-touche du bonheur.

Je vote pour la résolution.

DE L'IMPRIMERIE NATIONALE.
Fructidor an 6.